MIX
Papier aus verantwortungsvollen Quellen
Paper from responsible sources
FSC® C105338

Werner Gehrcke

Rezeptur der Bühnenkomik

*Theorie und Praxis
des Komischen auf der Bühne*

Gehrcke, Werner: Rezeptur der Bühnenkomik: Theorie und Praxis des Komischen auf der Bühne, Hamburg, disserta Verlag, 2012
ISBN: 978-3-95425-006-6
Covermotiv: kallejipp – Photocase.de
Druck: disserta Verlag, Hamburg, 2012

Bibliografische Information der Deutschen Nationalbibliothek
Die Deutsche Nationalbibliothek verzeichnet diese Publikation in der Deutschen Nationalbibliografie; detaillierte bibliografische Daten sind im Internet über http://dnb.d-nb.de abrufbar.

Die eBook-Ausgabe dieses Titels trägt die ISBN 978-3-95425-007-3 und kann über den Handel oder den Verlag bezogen werden.

Dieses Werk ist urheberrechtlich geschützt. Die dadurch begründeten Rechte, insbesondere die der Übersetzung, des Nachdrucks, des Vortrags, der Entnahme von Abbildungen und Tabellen, der Funksendung, der Mikroverfilmung oder der Vervielfältigung auf anderen Wegen und der Speicherung in Datenverarbeitungsanlagen, bleiben, auch bei nur auszugsweiser Verwertung, vorbehalten. Eine Vervielfältigung dieses Werkes oder von Teilen dieses Werkes ist auch im Einzelfall nur in den Grenzen der gesetzlichen Bestimmungen des Urheberrechtsgesetzes der Bundesrepublik Deutschland in der jeweils geltenden Fassung zulässig. Sie ist grundsätzlich vergütungspflichtig. Zuwiderhandlungen unterliegen den Strafbestimmungen des Urheberrechtes.
Die Wiedergabe von Gebrauchsnamen, Handelsnamen, Warenbezeichnungen usw. in diesem Werk berechtigt auch ohne besondere Kennzeichnung nicht zu der Annahme, dass solche Namen im Sinne der Warenzeichen- und Markenschutz-Gesetzgebung als frei zu betrachten wären und daher von jedermann benutzt werden dürften.
Die Informationen in diesem Werk wurden mit Sorgfalt erarbeitet. Dennoch können Fehler nicht vollständig ausgeschlossen werden und der Verlag, die Autoren oder Übersetzer übernehmen keine juristische Verantwortung oder irgendeine Haftung für evtl. verbliebene fehlerhafte Angaben und deren Folgen.

© disserta Verlag, ein Imprint der Diplomica Verlag GmbH
http://www.disserta-verlag.de, Hamburg 2012
Hergestellt in Deutschland

Inhaltsverzeichnis

Vorwort 1

1 Theorie des Komischen 3
1.1 Grundbedingungen des Komischen
 – Distanz und Harmlosigkeit 3
1.2 Psychologische und soziale Funktion des Lachens 4
1.3 Komik durch Kontraste und Inkongruenzen 6

**2 Voraussetzungen, Mittel und Probleme
 des Komischen im Theater 13**
2.1 Die Komische Community 13
2.2 Mittel der Fiktionsdurchbrechung 17
2.3 Ironie und Humor 20
2.4 Status- und Rolleninversion 23
2.5 Subjektive Wahrnehmung und lachendes
 Subjekt 28

3 Die komische Figur 33
3.1 Der komische Körper und die komische
 Erscheinung 33
3.2 Der komische Charakter 35
3.3 Arbeit des Schauspielers am komischen
 Charakter 40

Inhaltsverzeichnis

4 Sprache und Handlung 45
4.1 Sprache und Rhetorik in der Komödie 45
4.2 Die komischen Handlungen 49
4.2.1 Der unermüdliche Kampf mit dem Objekt 49
4.2.2 Stürzen, Stolpern, Fallen 50
4.2.3 Wiederholungen 51
4.2.4 Der Domino-Mechanismus 53
4.2.5 Verfolgungsjagd, Schlägereien, Stunts, Tanzparodien 55
4.2.6 Destruktion – die Zerstörung der dramatischen Spannung 57
4.2.7 Das komische Ende 58

5 Die Kernthesen des „Rezepts" 59
5.1 Kapitel 1 59
5.2 Kapitel 2 59
5.3 Kapitel 3 60
5.4 Kapitel 4 61

Literaturverzeichnis 63

Vorwort

Warum dieses Buch?

Theater als Kunstform entsteht immer aus einem kreativen Prozess, in dem Intuition eine große Rolle spielt. Das alleine reicht aber nicht aus, denn auch das Theater braucht einen bestimmten Rahmen, in dem es sich präsentiert. In diesem Rahmen wirken verschiedene Kräfte, die dynamisch-kreativ den Probenprozess vorantreiben. Am Ende dieses Prozesses steht ein Theaterstück oder eine Performance als Kunstprodukt. Die Anwendung dieser Kräfte beruht neben der Intuition auf einem Handwerk, dem Handwerk eines Schauspielers, Komikers, Regisseurs usw.

Dieses Handwerk entwickelt sich aus dem Fundus verschiedener, wissenschaftlicher Theorien, Konzepte und praktischer Erfahrung. Es ist deshalb notwendig, in einem gewissen Maß, diese Theorien und Konzepte zu studieren. Für den Praktiker sind die Theorien aber oft, gerade im Bereich der Komödientheorie, sehr komplex und oft zu abstrakt. Wissenschaft verlangt eine ordentliche Betrachtung des Gegenstands und einer vernünftigen Herleitung und Untersuchung des Wesens der Dinge. Das ist aber oft das, was den Praktiker abschreckt, sich mit dem Wesen, der Kräfte und den Mechanismen im Theater auseinanderzusetzen. Ähnlich wie der Ingenieur berechnet, warum etwas nicht funktionieren kann, während der Handwerker das Problem schon längst gelöst hat. So kann auch die Wissenschaft, die sich mit den Belangen auf, vor und hinter der Bühne beschäftigt, in den Verdacht der Unanwendbarkeit geraten. Man braucht also einen Spannungsbogen, der theoretische Auseinandersetzung anregt und beflügelt und gleichzeitig auf dieser Basis nachvollziehbar bleibt.

Vorwort

Diese Ausarbeitung ist also der Versuch einer verständlichen Beschreibung und Analyse der Bühnenkomik auf der Grundlage wissenschaftlicher Theorien und unter Berücksichtigung praktischer Erfahrung und Belange.

Der Theoretiker wird also in diesem Werk eine Übersicht und Anregungen über den Gegenstand des Komischen auf der Bühne finden. Der Praktiker wird eine vertiefende Einsicht über das Sein und Wesen der Bühnenkomik und dessen Mechanismen erhalten.

Auch wenn der Titel „Rezeptur der Bühnenkomik" nach einem allumfassenden Patentrezept klingt, so gibt es dies natürlich nicht! Die „Rezeptur" will jedoch Gegebenheiten und Mechanismen für die Bühnenkomik darstellen, die vielmehr als „Grundlagenrezept" zu verstehen sind. So wie jede „Großmutter" ihr eigenes Kuchenrezept hat, wird auch der Leser oder die Leserin seinen/ihren Weg finden, mit dem Wissen umzugehen. Das Buch ist also durchaus als Auseinandersetzung einerseits und als Anregung eines kreativen Prozesses andererseits zu verstehen.

Ich wünsche viel Spaß bei dem Studium dieser Lektüre.

Werner Gehrcke

1 Theorie des Komischen

1.1 Grundbedingungen des Komischen – Distanz und Harmlosigkeit

Bevor wir uns in die Untersuchung des Komischen begeben, müssen wir die Grundvoraussetzung definieren, die uns in die Lage versetzt, überhaupt lachen zu können.

Stellen wir uns zunächst die folgende Situation vor: Eine gehende Person betrachtet den sternenklaren Himmel und fällt plötzlich in einen vor ihr liegenden Graben. Eine möglicherweise komische Situation. Aber lachen wir als Beobachter, wenn sich die Person schwer und ernsthaft dabei verletzt?

Nein, wir werden stattdessen zur Hilfe eilen und ihr helfen. Wir sind auf einmal in die Situation involviert, wir empfinden Mitleid. Die Situation ist nicht harmlos, sondern hat einen schlimmen Ausgang, zugleich sind wir emotional betroffen, uns fehlt die Distanz.

Aber die gleiche Situation, die Person fällt in den Graben, schaut sehr verdutzt und hat sich nicht verletzt. Die potenziell komische Situation hat also einen guten, nicht schlimmen Ausgang gefunden – nun können wir lachen. Harmlosigkeit ist also eine Grundvoraussetzung, quasi das „grüne Licht", um über eine komische Situation lachen zu können.

Distanz und Harmlosigkeit sind zwei Grundbedingungen. Wir benötigen zu einer Situation bzw. zu einer Person eine distanzierte, emotionslose Haltung, um lachen zu können. *Henri Bergson* spricht von der *„Anästhesie des Herzens"*. Das Gefühl wird für den Moment ausgeschaltet, das Lachen wird zu einer Angelegenheit des Intellekts.

1.2 Psychologische und soziale Funktion des Lachens

Natürlich kommt man bei der Betrachtung der psychologischen Funktion des Lachens nicht an SIGMUND FREUD (1856–1939), dem Begründer der Psychoanalyse, vorbei.

FREUD geht davon aus, dass die Lust der Komik aus erspartem Vorstellungsaufwand hervorgeht.

Stellen wir uns einen Tänzer vor, der mit unermüdlicher Eleganz seine Bewegungen fließend ausführt. Wir bewundern ihn, wie er leicht und elegant, scheinbar ohne Aufwand, seine Tanzkünste vorführt. Was muss geschehen, damit die Bewegungen komisch aussehen und uns zum Lachen bringen?

Die gleichen Bewegungen müssen mit mehr Aufwand übertrieben und überflüssig dargestellt werden. Es werden Tangoschritte gestampft, Wiegeschritte maßlos übertrieben, Drehungen ruckartig mit viel Kraft ausgeführt. Das meist für Standardtänzer sowieso schon unnatürliche Lächeln wird ins Maßlose überzogen usw. Das ist die einfache Rezeptur einer Tanzparodie.

Oder wann wirkt ein trauriger Clown lustig? Wenn er seine Mimik übertreibt und sie uns als unnötig und unzweckmäßig erscheint. Er betreibt einen überflüssigen Mehraufwand und wir lachen, denn in unserer Vorstellung ist der Aufwand zu hoch, der für eine Bewegung aufgebracht wird. Die Vorstellung kommt nach FREUD durch Vergleich zustande. Wir nehmen als Maßstab das sogenannte **Innervationsempfinden** (Innervation = Nervenreiz) einer selbst ausgeführten oder nachgeahmten Bewegung. Wenn nun ein anderer die gleiche Bewegung mit mehr Aufwand betreibt, gleichen wir ab, indem wir in unserer Vorstellung die Bewegung des anderen nachempfinden. Und an dem Punkt, wo in unserer Vorstellung die Bewegung, nach unserem Innervationsempfinden, in den Mehraufwand geht – also in das Zuviel, in das Überflüssige –, wird dieser gehemmt und durch das Lachen „abgeführt". Die Lust der Komik geht also, wie oben schon gesagt, aus **erspartem Vorstellungsaufwand** hervor.

Das, was für die Bewegung und Handlung einen Mehraufwand bedeutet, ist bei dem Vergleich der seelisch-geistigen Eigenschaften eines anderen die Minderleistung, also das Zuwenig. Nehmen wir als Beispiel den Dummkopf: Er fällt auf durch ein Zuwenig im Vergleich zu unserem Aufwand, den wir für unerlässlich halten. Die Folge ist: Wir lachen.

Zusammenfassend kann man sagen, dass uns derjenige komisch erscheint, der – im Vergleich mit uns – für seine physischen Leistungen zu viel und für seine seelischen Leistungen zu wenig Aufwand betreibt. In beiden Fällen ist unser Lachen der Ausdruck der lustvoll empfundenen Überlegenheit, die wir uns der Person gegenüber zusprechen.

Jetzt verstehen wir auch, warum wir einen Tänzer, der seinen Tanz schön und anmutig vollführt, so bewundern, weil der körperliche Aufwand des Tänzers – im Gegensatz zum Komiker – ein geringeres Potenzial aufweist als unser Aufwand. Ebenso bewundern wir Menschen, dessen geistig-seelisches Potenzial im Vergleich zu uns ein mehr an Aufwand aufweist.

HENRI BERGSON geht vom Lachen als **soziale Geste** aus. Er beschreibt die Gesellschaft als lebendigen Organismus, dessen Glieder stets **Spannung** und **Geschmeidigkeit** aufweisen müssen. In körperlicher, geistiger und seelischer Hinsicht muss sich jedes Glied – im Sinne einer stetigen Weiterentwicklung des Ganzen – stets anpassen können, sonst droht Versteifung und der lebendige Organismus, die Gesellschaft, ist zum Erstarren verurteilt. Damit das auf keinen Fall passieren kann, muss jedes Glied, welches durch Versteifung das Ganze gefährdet, durch die Gesellschaft abgestraft werden. Das Steife ist nach BERGSON das Komische und das Lachen das Korrektiv, welches den Einzelnen warnt und zur Ordnung ruft, damit der Gesamtorganismus geschmeidig bleibt.

1.3 Komik durch Kontraste und Inkongruenzen

Kennzeichen der Kontrastkomik sind entgegengesetzte Merkmale, die sich häufig in zwei verschiedenen Figuren wiederfinden. Zum einen können das markante Körperkontraste sein, wie sehr schlank und sehr dick oder sehr klein und sehr groß.

Auch kann der Kontrast über die äußere Erscheinung funktionieren, indem beispielsweise die eine Figur sehr extravagant gekleidet und die andere sehr schlicht auftritt. Der Kontrast kann sich auch im Verhalten zeigen, zum Beispiel, indem die eine Figur sehr aufgedreht und die andere sehr ruhig agiert. Oder der eine Protagonist spricht sehr wortgewandt, während der andere sich sehr unbeholfen ausdrückt. Diese Kontraste allein können zwar schon lustig wirken und dem Zuschauer ein Lächeln entlocken, aber allein dick und dünn zu sein, ist nicht lustig. Die Komik entsteht durch das Benutzen und Anspielen dieser Kontraste, durch das Spiel von Unter- und Überlegenheit.

Das Verlachen, das Lustigmachen einer Person A über die Person B, setzt diese herab, während sich A selbst erhöht. Wenn die Angriffe von A aber ins Leere gehen, so kann auch das Gegenteil passieren: A erniedrigt sich selbst und B wird automatisch erhöht. Ein wunderbarer Mechanismus, den man auf der Bühne hervorragend bedienen kann.

Ein Beispiel für Kontrastkomik ist der Kommissar und sein Assistent, die in ihrem Erscheinungsbild schon sehr unterschiedlich sein sollten und sich dadurch auszeichnen, dass der Kommissar seinen Assistenten „herunterputzt" und dieser sich durch besonders dummes Verhalten auszeichnet.

Noch komischer ist aber, wenn der Assistent sich sehr schlau verhält, der Kommissar sich hingegen besonders dumm und unbeholfen anstellt, dabei aber sehr schlau tut und den Assistenten beschimpft. Hier haben wir mehrere Kontraste:

Der eine ist das vermeintliche Überlegenheitsritual des Kommissars: Er erniedrigt, beschimpft und verlacht seinen Assistenten. Der Kommissar hat scheinbar einen Hochstatus und der Assistent einen Tiefstatus. Der Kommissar aber selbst macht die Fehler und verhält sich dumm, der Assistent verhält sich clever. Hier entsteht ein komischer Kontrast von Anspruch und Wirklichkeit. Der Kommissar also hegt den Anspruch, der Überlegene bzw. Klügere zu sein und bringt das deutlich zum Ausdruck, aber die Wirklichkeit sieht anders aus: Der Kommissar tappt doch in jedes Fettnäpfchen, was sich ihm anbietet. Der Assistent ist der, der durch sein kluges Verhalten alles wieder regelt und trotzdem die „Prügel" für all die Pannen bezieht.

Kontrastkomik kann sich auch in einer Person zeigen, wenn ihr Erscheinungsbild und ihr Verhalten inkongruent zueinander sind. So zum Beispiel eine wohlgekleidete Frau, die sehr elegant auf die Bühne tritt, dann eine Büchse Bier aus ihrer teuren Handtasche zaubert, diese ordinär verköstigt und anschließend einen Rülpser zum Besten gibt.

Oder der große kräftige Ritter, der mit piepsiger Stimme der Angebeteten seine Liebe gesteht, während diese hübsche, zierliche Person dankend mit tiefer, bassiger Stimme annimmt oder ablehnt.

Wir kommen nun im Folgenden zu einer Reihe von in der Theaterwissenschaft und Philosophie bekannten Theorien, die von der Komik durch Inkongruenz ausgeht.

Beginnen wollen wir mit ARTHUR SCHOPENHAUER: Er sieht in dem *„Ursprung des Lächerlichen allemal die paradoxe und daher unerwartete Subsumtion eines Gegenstandes unter einen ihm übrigens heterogenen Begriff, und bezeichnet demgemäß das Phänomen des Lachens allemal die plötzliche Wahrnehmung einer Inkongruenz zwischen einem solchen Begriff und dem durch denselben gedachten realen Gegenstand, also zwischen dem Abstrakten und dem Anschaulichen. Je größer und unerwarteter, in der Auffassung des Lachenden, diese Inkongruenz ist, desto heftiger wird sein Lachen ausfallen".*[1]

SCHOPENHAUER bringt auch selber einige Beispiele:

„Analog ist die Grabschrift eines Arztes: «Hier liegt er, wie ein Held, und die Erschlagenen liegen um ihn her», - es subsumiert unter den dem Helden ehrenvollen Begriff des «von Getödteten umringt Liegens» den Arzt, der das Leben erhalten soll."[2]

Oder ein weiteres Beispiel:

„Dieser Art ist auch die bekannte Anekdote vom Schauspieler Unzelmann: nachdem auf dem Berliner Theater alles Improvisiren streng untersagt worden war, hatte er zu Pferde auf der Bühne zu erscheinen, wobei, als er gerade auf dem Proscenio war, das Pferd Mist fallen ließ, wodurch das Publikum schon zum Lachen

---

[1] Arthur Schopenhauer, Zürcher Ausgabe, Werke in zehn Bänden, Band 3, Zürich 1977: S. 109

[2] Vgl. Schopenhauer, a. a. O.: S. 111

bewogen wurde, jedoch sehr viel mehr, als Unzelmann zum Pferde sagte: „ Was machst denn du? Weißt du nicht, daß uns das Improvisiren verboten ist?" Hier ist die Subsumtion des Heterogenen unter den allgemeineren Begriff sehr deutlich, daher das Witzwort überaus treffend und die dadurch erlangte Wirkung des Lächerlichen äußerst stark."[3]

Wie in Kapitel 1.2 erwähnt, sieht HENRI BERGSON das Komische in dem Steifen, in dem, was mechanisch ist und in Inkongruenz zum Lebendigen steht.

Nehmen wir als Beispiel einen Ritter, der sein Schwert zückt, um seinem Gegner zu drohen. Eines Tages aber manipulierte ein Strolch sein Schwert, indem er es verstümmelte. Der Ritter zieht sein Schwert, bemerkt die Manipulation und droht weiter, als wäre nichts geschehen. Sicher ist auch schon die unerwartete Normabweichung – die Schwertverstümmelung – komisch, aber komischer ist das mechanische Verharren in dem Vorgang des Drohens. Normalerweise hätte der Ritter in einer geforderten Lebendigkeit und Flexibilität den Drohvorgang abbrechen und sich schnell zurückziehen müssen; stattdessen zieht er sein Gehabe wie ein Automat durch: Das Mechanische steht also hier in Inkongruenz zum Lebendigen, zum Geschmeidigen.

IMMANUEL KANT (1724 – 1804) sieht das Lachen als einen Affekt, der aus einer getäuschten Erwartung resultiert, die nicht erfüllt werden kann. Dabei geht es um eine **gespannte Erwartung**, die getäuscht wird – der Verstand findet nicht das Erwartete, es wird gelacht, die Spannung lässt nach und ein Gleichgewicht der inneren Kräfte stellt sich ein. *KANT* betont ganz klar, dass sich die **gespannte Erwartung** in **Nichts**

---

[3] Vgl. Schopenhauer, a. a. O.: S. 112

auflösen muss und nicht etwa in das Gegenteil, da das Gegenteil der Erwartung eher Missvergnügen bereiten würde.

THEODOR LIPPS (1851 – 1914) sieht das Komische in einer Erwartungstäuschung: Etwas erscheint in seinem Gegenteil. Er unterscheidet objektive, subjektive und naive Komik.

- **_objektive Komik:_** Eigenschaften, Merkmale, Leistungen von Personen treffen nicht auf die Träger zu.
- **_subjektive Komik:_** Worte, Gebärden etc. als Träger von Bedeutung, Sinn und Wahrheit stimmen nicht zusammen und der logische Gehalt schwindet.
- **_naive Komik:_** Der Gegensatz von Groß und Klein wird zu einem Gegensatz der Standpunkte, wenn z. B. eine kindliche Äußerung in einen anderen Kontext gestellt wird.

HELMUTH PLESSNER (1892 – 1985) geht davon aus, dass wenn ein Mensch in sich labil ist – z. B. bei widersprüchlichen, gegensinnigen Situationen er die Balance verliert –, dann können Ausdrucksformen dieser Krise das Lachen und Weinen sein, womit Abstand geschaffen und Kontrolle wieder hergestellt wird, gleichzeitig ist mit dem Lachen ein Entspannungsprozess verbunden.

Soweit eine bewusste Auswahl mir wichtig erscheinender Theorien, die nicht den Anspruch erhebt, vollständig zu sein.

Lachen ist also ein Affekt, eine Reaktion, auf erkannte Inkongruenz. Sicher wird man einwenden können, dass die Erzeugung von Inkongruenz nicht genügt. Inkongruenz allein hat noch nicht zur Folge, dass wir lachen. Es fehlen noch zwei Bedingungen:

a) Die *Plötzlichkeit*

Plötzlichkeit ist sehr wichtig, es geht hierbei um unerwartetes, plötzliches Auftreten des Inkongruenten. Lachen als Affekt bedarf zwar einer Erkennung der Inkongruenz, aber keiner Reflexion. Wir wären schon kognitiv in der Lage, der dargebotenen Inkongruenz einen Sinnzusammenhang zu geben. Dann aber machen wir die scheinbare Inkongruenz zunichte. Einen Sinnzusammenhang herzustellen, heißt nichts anderes als das vermeintlich Inkongruente kongruent zu machen. Deshalb ist es wichtig, dass alles auf der Bühne, was Lachen beim Zuschauer erzeugen soll, unerwartet und plötzlich geschieht. Tempo und Timing auf der Bühne sind auch deshalb von großer Bedeutung. Eine Komödie lebt förmlich von plötzlichen Umbrüchen. Die gespannte Erwartung entpuppt sich ganz plötzlich als Täuschung und als Affektreaktion lacht der Zuschauer. Auch Pointen, als Inkongruentes, erfüllen ihren Sinn nur, wenn sie sich, nachdem die gespannte Erwartung beim Zuschauer erzeugt wurde, plötzlich entladen.

b) Die *Anschaulichkeit*

Plötzlichkeit ist aber nicht genug, denn was nützt es, wenn eine richtig gesetzte Pointe nicht sofort verstanden wird, wenn die Inkongruenz nicht sofort erkannt wird! Der Kontrast oder die Inkongruenz muss also anschaulich und sofort erkennbar sein. In der Improvisation können wir mit „spät zündenden" Pointen noch umgehen. Der Comedian kann z. B. nach der Pointe seinem Publikum signalisieren, dass hier etwas Inkongruentes gesagt worden ist und ihm etwas Zeit geben zu reagieren, oder er setzt schnell etwas hinterher. In einer festgelegten Komödie, die Improvisation nicht oder nur kaum zulässt, haben wir diese Freiheit so nicht.

„Das Anschauliche, das komisch wirkt, ist ohne Inkongruenz nicht vorstellbar. Der Mensch lacht über einen komischen Fehler, eine Handlung, einen Komiker usw., weil das Erlebte nicht so ist, wie es üblicherweise erwartet wird. Das kann man aber nur feststellen, wenn es von einer abstrakten Idee oder einem Begriff abweicht, mit dem es verglichen wird. Das Abweichende muss im Vergleich mit diesem Begriff anschaulicher sein."[4]

---

[4] Helmut von Ahnen: Das Komische auf der Bühne – Versuch einer Systematik, Münchener Universitätsschriften, Theaterwissenschaft – Band 6, Herbert Utz Verlag, München 2006 (2005): S. 225

2 Voraussetzungen, Mittel und Probleme des Komischen im Theater

2.1 Die Komische Community

Nach *Henri Bergson* ist Lachen immer **das Lachen einer Gruppe**, einer Community, deren Mitglieder sich sozusagen ein heimliches Einverständnis gegeben haben, lachen zu dürfen.

Ein Beispiel: Eine Gruppe erzählt sich im Speisesaal Witze und lacht herzhaft darüber. Sie bilden eine Art Verschwörung, die sich gegenseitig erlaubt zu lachen. Alle anderen Gruppen und Individuen im Saal stehen außerhalb dieser Community – sie lachen nicht mit.

Angenommen aber, eine benachbarte Tischgruppe wird auf die lachende Gesellschaft aufmerksam, dann kann es zu einer Erweiterung der Community kommen, wenn ein erweitertes Einverständnis erfolgt. Das kann über einen einfachen Blickkontakt geschehen, eine Art nonverbale Genehmigung. Man gesellt sich dazu, wird Teil der Community.

Lachen hat etwas Gruppendynamisches, etwas Ansteckendes, aber immer herrscht ein unausgesprochenes Einverständnis unter den Mitgliedern der lachenden Community.

In der Theatersituation bildet das Publikum die lachende Community; man kommt schließlich zusammen, um zu lachen, denn die Teilnehmer wissen in der Regel, worauf sie sich einlassen; sie kommen zusammen, um gemeinsam eine Komödie anzuschauen.

Voraussetzungen, Mittel und Probleme des Komischen im Theater

Für die komische Theatersituation müssen bestimmte Voraussetzungen erfüllt werden:

a) Die Zuschauer kommen freiwillig.
b) Die Zuschauer wissen, dass die dargebotenen Handlungen auf der Bühne harmlos sind (siehe Kapitel 1.1).
c) Die Zuschauer treffen das heimliche, unausgesprochene Einverständnis, die auf der Bühne dargebotenen komischen Handlungen und Inkongruenzen mit Lachen zu honorieren.

„Eine befriedigende theatrale Situation, in der komische Figuren erfolgreich agieren können, erfordert die Errichtung einer Komischen Communitas"[5], beschreibt HELMUT VON AHNEN in seiner Dissertationsschrift. Die *„komische Communitas"* erlebt drei Phasen: die **Trennungsphase**, die **Schwellenphase** und die **Angliederungsphase**.

1. Trennungsphase:

Menschen kommen zusammen in einen Raum, sind *„Gleiche unter Gleichen, die in der Dunkelheit bzw. im leicht beleuchteten Zuschauerraum gemeinsam die Darbietung erwarten. Die Türen sind geschlossen und die Anwesenden sind vom Außen getrennt".*[6]

Wir können das fantastisch beobachten: In der Einlassphase, vor einer Aufführung, strömen Menschen in den Theaterraum, noch im Angesicht ihrer Aktionen im eben noch realen Leben nehmen sie ihren Platz ein.

---

[5] Vgl. von Ahnen, a. a. O., S. 125
[6] Vgl. von Ahnen, a. a. O., S. 117

Möglicherweise erzählen sie auch noch über ihr eben noch erlebtes Leben, über den „Idioten", der ihnen die Vorfahrt nahm, oder über das neue Shoppinghighlight in der Boutique. Nun bedarf es eben einiger Symbole: Türen werden geschlossen, Licht verdunkelt sich im Zuschauerraum, eindeutige Signale lenken den Fokus auf das Bühnengeschehen, auf das was da kommen wird: *„In der Trennungsphase wird die wirkliche Welt symbolisch ausgeschlossen und aus dem Publikum entsteht die Komische Communitas."*[7]

2. Schwellenphase:

„Die Schwellenphase oder die Initiation eines Theatererlebnisses enthält alle von Csikszentmihalyi genannten sechs Elemente des flow-Erlebnisses. Handlung und Bewusstsein verschmelzen (1) die Aufmerksamkeit wird zentriert (2) Verlust des Selbst oder Selbstvergessenheit tritt ein (3), Handlungen und Umwelt bleiben aber unter Kontrolle (4), das Publikum reagiert mit klaren und eindeutigen Rückmeldungen bzw. Handlungen, z. B. Lachen (5) und es bedarf keiner äußeren Ziele oder Belohnungen (6)."[8]

Für die „Verwandlung" der heterogenen Individuen in eine Komische Communitas bedarf es allerdings struktureller Voraussetzungen durch die Regie, die Inszenierung oder durch Improvisation des Komikers. Das Publikum ist nicht schuld, wenn der Theaterabend nicht gelingt.

Gerade die Exposition ist wichtig, denn die Zuschauer befinden sich zumindest eine Zeit lang in einem Zwischenstadium. Sie beobachten die dargebotenen komischen Handlungen und Inkongruenzen, welche sich von

---

[7] Vgl. von Ahnen, a. a. O., S. 125
[8] Vgl. von Ahnen, a. a. O., S. 120

ihrer eigenen Realität unterscheiden. Eine neue Welt entsteht auf der Bühne, im Idealfall verschmelzen Bewusstsein des Egos und Handlungen auf der Bühne miteinander. Es tritt **Selbstvergessenheit** ein:

> „Das Subjekt ist zwar weiterhin in Kontakt mit seiner physischen Realität, verliert aber das Interesse am Aushandeln von eigenen Bedürfnissen und den sozialen Erwartungen anderer."[9]

Durch das Lachen wird die Teilnahme des Publikums signalisiert.

3. <u>Angliederungsphase:</u>

Hier bedarf es auch eindeutiger Signale, woran das Publikum das Ende des Spiels erkennt. Das Publikum wird aktiv und bekundet sein Gefallen oder Missfallen durch Händeklatschen, Pfiffe, Buhrufe etc.

Das Spiel ist aus, es entsteht ein Bruch zwischen Bühnengeschehen und Publikum:

> „Die Einschränkung der Wahrnehmungsfähigkeit wird aufgelöst, z.B. durch Einschalten der Saalbeleuchtung oder durch Ablenkung, z. B. durch das Einsammeln von Geld für die Komikertruppe. Die Gemeinschaft des Publikums löst sich auf. Die alten Sozialstrukturen gewinnen ihre Bedeutung zurück, Paare oder Freundeskreise finden sich nach dem Auftauchen aus der Dunkelheit wieder zusammen."[10]

---

[9] Vgl. von Ahnen, a. a. O., S. 119
[10] Vgl. von Ahnen, a. a. O., S. 122

2.2 Mittel der Fiktionsdurchbrechung

Wir haben in Kapitel 2.1 festgestellt, dass die fiktive Welt und ihre fiktiven Handlungen auf der Bühne – im Idealfall – mit dem Bewusstsein der Zuschauer verschmelzen. Hier gibt es zwei Ebenen bzw. zwei Orte, die miteinander Überschneidungen bilden, aber gleichzeitig auch strikt zu trennen sind:

a) Der *Ort der Realität* (Zuschauerraum, Theatergebäude) und
b) der *Ort der Fiktion* (Bühne, Spielraum)

Komödien gehorchen anderen Gesetzen als das Drama. Im Drama ist allgemein eine Einfühlung der Zuschauer in die Bühnenfiguren erwünscht. Der Zuschauer ist mit den Figuren und dem Geschehen auf der Bühne emotional verbunden. Das kann so in der Komödie nicht funktionieren, denn das Lachen erfordert eine emotionale Distanz (siehe Kapitel 1.1). Die Verschmelzung der Realitätsebene mit der Fiktionsebene, die über das Mitgefühl gesteuert wird, kann es in der Komödie so nicht geben.

Um also in einer Komödie Distanz zum Geschehen und zu den Figuren zu halten bzw. zu erzeugen, können die Mittel der Fiktionsdurchbrechung sehr dienlich sein. Im Folgenden seien einige der Mittel erläutert:

1. Prolog:
Der Prolog ist eine Vorrede, die im literarischen Werk vorgegeben sein muss und nicht improvisiert werden kann. Sowohl spielinterne als auch spielexterne Figuren (Spielleiter, Erzähler etc.) können szenisch oder erzählend den Prolog gestalten. Der Prolog dient u. a. der Begrüßung des Publikums, der Ankündigung des folgenden Schauspiels mit Informationen über Personen und Inhalt oder auch der

Rechtfertigung der Absicht des Dichters. Gut gemacht kann der Prolog die Zuschauer, *im Sinne der Komischen Communitas* (Kapitel 2.1), zum Beispiel auf die kommende komische Fiktion vorbereiten.

2. Unterbrechungen (Erzähler, Sänger, Chor, Spielleiter etc.):

Hier bieten sich wahnsinnig viele Möglichkeiten, um die Fiktion zu durchbrechen. Vor allem spielexterne Figuren können die dargebotenen fiktionalen Handlungen und Figuren kommentieren, parodieren oder gesanglich untermalen. Hervorragend kann man z. B. eine dramatische Szene oder eine Szene, die dramatische Züge entwickelt, abrupt unterbrechen und durch eine spielinterne oder spielexterne Figur kommentieren lassen, was dann eine ungeheure Komik erzeugen kann. Eine schöne Idee ist auch die Unterbrechung durch den Spielleiter oder einer als Spielleiter inszenierten Figur, die sich über den Gang der Handlung fürchterlich aufregt.

3. Epilog:

Der Epilog ist eine Nachrede, ein Nachwort eines literarischen Werkes. Meist ersuchen Epiloge Beifall oder Nachsicht oder ziehen ein Resümee, in dem eine Reflexion stattfindet, die Figuren herabgesetzt oder Handlungen relativiert werden o. ä.

4. Beiseitesprechen:

Eine Bühnenfigur gibt bestimmte Gedanken zum Bühnengeschehen preis, ohne dass scheinbar sein Dialogpartner oder seine Dialogpartnerin dies mitbekommt. Nur das Publikum bekommt die Kommentierungen mit. Das Beiseitesprechen kann als Textvorlage vorgegeben sein oder in der Improvisation geschehen.

Im Naturalismus wurde das Beiseitesprechen verpönt, heute wird es noch vorwiegend in volkstümlichen Lustspielen benutzt.

5. Aus der Rolle fallen:

Im Drama ist ein Herausfallen eines Protagonisten aus der Rolle undenkbar. Das zerstört die notwendige Illusion von Wirklichkeit auf der Bühne und macht damit ein Mitfühlen des Zuschauers mit der Rolle unmöglich. In der Komödie ist genau das ein hervorragendes technisches Mittel, Fiktion zu zerstören und Komik zu erzeugen. Denken wir als Beispiel nur an einen Darsteller, der plötzlich erkennbar aus seiner Rolle fällt und sich abfällig über diese oder die vollzogenen Handlungen äußert und dann anschließend plötzlich wieder zur Rolle wird und weiter spielt.

Das Aus-der-Rolle-Fallen kann am Ort der Fiktion, der Bühne oder am Ort der Realität (Zuschauerraum) geschehen. Bei Letzterem können die Schauspieler die Bühne verlassen und den Zuschauerraum betreten und so mit den Zuschauern in der Rolle oder auch außerhalb der Rolle direkt in Kontakt treten. Sie können als Schauspieler in der vorübergehend durchbrochenen Fiktionalität über ihre eigene Rollenfigur und dessen Probleme oder auch über die anderen Rollenfiguren auf der Bühne referieren.

2.3 Ironie und Humor

Ironie ist ein Mittel, bei dem das Gegenteil des eigentlich Gesagten oder Dargestellten gemeint bzw. wahr ist. Ironie kommt nicht nur in der Literatur zum Einsatz, sondern auch im darstellenden Spiel.

Die ironischen Protagonisten bewegen sich in einem Spiel von Unter- und Überlegenheit. Beispielsweise verstellt sich ein Darsteller so, dass ihn die anderen Mitspieler als dumm einstufen, sich in Überlegenheit wiegen und daraus Vorteile zu ziehen glauben. Doch ihr Überlegenheitsglaube ist ein fataler Fehler, denn plötzlich schnappt die Falle zu und sie werden selbst zum Opfer. Die Zuschauer verfolgen dabei die Verstellung des Protagonisten sehr genau. Der ironische Protagonist bewegt sich zwischen scheinbarer Unterlegenheit und gnadenloser Überlegenheit.

Ironie kann auch Normen oder politisch-gesellschaftliche Paradigmen infrage stellen, denn die ironische Kommentierung einer Norm stellt diese ins Verkehrte. Das Verkehrte kann auch als neue Position bestimmt werden. Hier finden wir ein wunderbares Mittel für den Kabarettisten. Der Kabarettist sollte sich aber nicht eindeutig zu einer Position bekennen oder, wenn er das tut, dann nur in ironischer Distanz, die – geschickt eingesetzt – auch nicht seine wahre Position verrät. Denn eine klare politische oder moralische Position des Kabarettisten auf der Bühne zerstört die Komik, sie feindet womöglich an und weckt Emotionen. Distanz und Harmlosigkeit gehen dann verloren, die Komik ist damit hinüber und die Atmosphäre ist spannungsgeladen. Einige Kabarettisten arbeiten natürlich genau mit diesem Spannungsfeld – der Grenze zwischen Positionierung und Provokation einerseits und komischer Verballhornung anderseits. Ironie ist deshalb auch ein gutes Mittel der Distanzierung und Verkehrung.

Gute Ironiker schaffen es, das Spiel mit der Ironie so zu treiben, dass der Zuschauer sie nicht bemerkt oder sich nicht sicher ist, ob es Ironie war.

Nach der Auffassung von HELMUT VON AHNEN ist Ironie eine weitere Form der Fiktionsdurchbrechung:

„Der Darsteller, der Ironie einsetzt, schafft eine reflexive Distanz zu sich selbst und reflektiert damit gleichzeitig die Verhältnisse, zu denen er gehört. Das ist nur möglich, wenn das Publikum diesen Prozess verstehen kann. Insofern überschreitet diese Praxis die Rampe, da dieser Darsteller die Zuschauer zu seinen Mitwissern macht. Er beteiligt sie an einer reflektierenden anderen Person, als er sie aktuell als Darsteller präsentiert."[11]

Der Humor verfährt nach Auffassung von HENRI BERGSON anders als die Ironie. Man kann danach *„... das was ist, so ausführlich und haargenau beschreiben, als sei man überzeugt, daß es genauso sein sollte."*[12]

Eine besondere Form von Humor ist der **schwarze Humor**, der sich vor allem darin unterscheidet, dass er Tabuthemen wie Tod, Krankheit, Sexualität etc. zum Gegenstand macht und gnadenlos bissig bis ins Zynische überzeichnet.

Tabus machen sicher auch Sinn, wenn sie z. B. Minderheiten vor Angriff schützen. Oft liegt in einem Tabu aber auch eine tiefe innere Angst der Gesellschaft vor Enthüllung. Beispielsweise sind Krankheit oder Tod Zeichen der

---

[11] Vgl. von Ahnen, a. a. O., S. 157
[12] Henri Bergson: „Das Lachen. Ein Essay über die Bedeutung des Komischen." Felix Meiner-Verlag. Hamburg 2011, S. 91

Vergänglichkeit und des Nicht-Mehr-Funktionierens-Könnens. Gerade in einer Gesellschaft, die Produktivität, stetes Wachstum und Leistungsbereitschaft – fast religiös-dogmatisch – als Voraussetzung ihres Seins definiert, läuft man Gefahr zu scheitern, wenn Themen wie der Tod einen beachtlichen Platz in ihr einnehmen. Tabus sind ein Schutz vor dem scheinbar lähmenden Einfluss des Tabuthemas. Einmal den Geist, den Dämon aus der Flasche gelassen, ist er nicht mehr einzufangen. Das aber hat eben auch was Befreiendes und so liegt auch ein Reiz darin, Tabus zu brechen.

Ein Tabu brechen, Tabus humoresk zu verarbeiten, kann Zorn und Aggression der Gegenseite auslösen. Es ist also ein Risiko und ein Spiel mit Grenzbereichen, Tabus gnadenlos humoresk zu verarbeiten. Der schwarze Humor aber übersteigert die Elemente, die im Tabubereich liegen, ins Groteske und Absurde. Dies ist der Trick des schwarzen Humoristen, denn so erzeugt er Harmlosigkeit, indem er eine Projektion erzeugt, die im Nichtrealen liegt, obwohl Reales thematisiert wurde. Die Tabus werden also nicht wirklich gebrochen, aber in der humoresken Variante thematisiert.

Dennoch liegt die Gefahr immer darin, dass die Stimmung vom Lachen in die Empörung kippt. Tabus, die eine Neugier und ein Interesse an Befreiung von dem Tabu in der Gesellschaft erwecken, sind natürlich besonders geeignet. Tabus, die eher eine Schutzabsicht – beispielsweise von Minderheiten – beinhalten, eignen sich weniger oder gar nicht.

2.4 Status- und Rolleninversion

Das Spiel mit Status ist im Schauspiel ein wesentliches Mittel. Der Status kann im Wesentlichen zwei Arten haben:

a) Der **soziale Status** und
b) der **situative Status.**

In der Regel ist der Status sozial definiert, z. B. der Herr und sein Diener oder der Chef und sein Angestellter, der Baron und der Landstreicher usw. Alle zeichnen sich durch ihre Erscheinung und ihr Verhalten – klar erkennbar – aus. Wir erkennen also den Hochstatus (Baron) und Tiefstatus (Landstreicher). Ein Statuswechsel kann nur erfolgen, wenn sich auch ihre soziale Position ändert, wenn der Reiche plötzlich arm und der Arme plötzlich reich wird.

Der situative Status ist etwas anderes, nämlich wenn beispielsweise einer zweier sozial Gleichrangiger den Anderen erpresst, so erlangt dieser situativ einen Hochstatus, eine Überlegenheit und die andere Person eine Unterlegenheit, einen Tiefstatus. Oder aber auch, wenn zwei Personen verabredet sind und einer von beiden kommt zu spät, so steht dieser vorübergehend in der Schuld der anderen Person, hat also einen Tiefstatus.

Status und Statuswechsel sind in jedem dramatischen, aber auch komischen Theaterstück von zentraler Bedeutung. Das Besondere am Komischen ist die Statusinversion. Betrachten wir zunächst folgende Szenenbeschreibung vom Herrn und seinem Diener:

Der Diener kleidet seinen Herren ein, dieser beschimpft und demütigt ihn. Mit jeder Demütigung wird der Diener noch unterwürfiger. Es gibt keinen Statuswechsel, der Hoch- und Tiefstatus ist klar erkennbar.

Diese Situation ist grundsätzlich nicht komisch. Wir erwarten, dass der Herr einen Hochstatus besitzt, wie immer er ihn auch ausspielt, und vom Diener erwarten wir Tiefstatusverhalten. Die Rollen, die gegeben sind, werden in ihrem natürlichen Status ausgespielt. Anders ist es bei der Statusinversion: In ihrer Erscheinung bleiben Herr und Diener erkennbar gleich, auch kleidet natürlich der Diener den Herrn ein. Aber der Herr hat nun den Tiefstatus und der Diener den Hochstatus.

Der folgende Dialog soll darstellen, wie eine solche Statusinversion aussehen kann:

Dialog Herr und Diener in der Kleiderkammer (Szene von Werner Gehrcke):

(Der Herr hat gerade seine Hose angezogen und bemüht sich sie zu schließen.)

Herr (mit kleinlautem Ton): Die Hose ist zu eng geschnitten, meinen sie nicht Alfred?

Diener (etwas unwirsch): Mein Herr, die Maße, die der Schneider genommen hat, stimmen und die Hose ist keineswegs zu eng, sondern sie haben in der Zwischenzeit zugenommen!
(tätschelt dem Herrn auf seinen Bauch)

Herr (verlegen, versucht zu schmeicheln): Das liegt an Ihrer hervorragenden Fürsorge Alfred.

Diener (schaut ungnädig): Die Schleimerei nützt Ihnen überhaupt nichts! Jetzt ziehen sie halt den Bauch ein!

(Herr hält die Luft an und zieht den Bauch ein, zieht den Reißverschluss hoch und versucht den Knopf zu schließen, dieser springt in dem Moment ab)

Diener (ist empört und sauer): Jetzt sehen sie, was sie da angerichtet haben, mit Ihrer fetten Wampe! *(Er bückt sich und hebt den Knopf auf und hält ihn dem Herrn demonstrativ vor die Nase)* Das ist das vierte Mal in dieser Woche!

Herr (schämt sich): Entschuldigung, Alfred ... wenn sie trotzdem so nett wären, den Knopf wieder annähen zu lassen, so wäre ich Ihnen sehr verbunden.

Diener: Aber nur, wenn Sie nicht mehr so viel essen *(schaut den Herrn spöttisch an)*. Ihnen passt ja keine Hose mehr! Sie werden von Tag zu Tag fetter.

Herr (demütig): Ich gelobe Besserung Alfred, danke Ihnen auch schön.

(Er zieht die Hose aus und gibt sie dem Diener.)

Wie könnte die Szene weiter gehen? Seien Sie kreativ und entwickeln Sie sie weiter oder denken Sie sich andere, ähnlich gelagerte Szenen aus! Sie werden sehen, in der Statusinversion liegt ein unglaublicher Spaß.

Wir sehen an dem Beispiel, dass beide Rollen beibehalten bleiben. Der Herr und der Diener haben aber erkennbar in der Sprache, im Verhalten und in den Gesten ihren Status getauscht. Der Herr hat einen Tiefstatus und der Diener einen Hochstatus.

Das ist nicht zu erwarten, denn solch eine Statusinversion ist unzulässig, wenn wir eine glaubhafte, ernste Szene konstruieren wollen. Deshalb wirkt diese Statusinversion komisch oder gar grotesk. Wir erzeugen nämlich mit dieser Inversion eine Inkongruenz: Die Rollen, in ihrer Erscheinung (Diener in seinem Dienstanzug) und ihrer Tätigkeit (der Herr zieht sich an und der Diener hilft ihm dabei) sind inkongruent zum erwarteten Verhalten, den Gesten und den verbalen Aussagen, die den Status ausdrücken.

Natürlich können wir auch nur einen Rollentausch vornehmen:

Nehmen wir als Beispiel den Herren, der dem Diener das Mahl serviert: Hier brauchen wir keine Statusinversion, aber die ursprünglichen Rollen müssen erkennbar sein. Der Herr als unterlegener Diener und der Diener als überlegener Herr müssen sich erkennen lassen. Der Rollentausch muss für den Zuschauer ohne Schwierigkeiten klar erkennbar sein.

Wir fassen zusammen:

Bei der ***Statusinversion*** behalten die Rollen ihre Erscheinung und ihre Tätigkeit, aber ihr Status definierendes Verhalten, ihre Geste und ihre Rhetorik ist anders als zu erwarten.

Beispiel: Die Mutter, als Mutter, wird von ihrer Tochter, als Tochter, belehrt, dass sie nicht so spät ins Bett gehen solle. Die Mutter bereut einsichtig. Die Mutter zeigt in Ihrem Verhalten einen Tiefstatus, die Tochter einen Hochstatus.

Bei der **Rolleninversion** spielen die Protagonisten – in der Erscheinung ihrer ursprünglichen Rolle – die jeweils andere Rolle, d. h., sie übernehmen die spezifische Tätigkeit und das statusgemäße Verhalten der anderen Rolle.

Beispiel: Der Chef spielt die Rolle des Angestellten, der Angestellte spielt die Rolle des Chefs.

Die oben gewählten Definitionen und die Unterscheidung in Rollen- und Statusinversion erscheinen mir sinnvoll und sollen als Anregung und Versuch einer präzisen Beschreibung einer grundsätzlich wichtigen Technik verstanden werden.

2.5 Subjektive Wahrnehmung und lachendes Subjekt

Es wäre ja zu schön, wenn Theaterschaffende die Voraussetzungen schaffen, eine Mechanik bedienen, Inkongruenzen erzeugen und die Zuschauer diese erkennen und immer gleich lauthals und herzhaft loslachen. Egal, wo die Vorstellung stattfindet bzw. welches Publikum in der Vorstellung sitzt, es wird immer gleichermaßen gelacht. Aber so ist es eben nicht!

Sicher gibt es die Voraussetzungen und Mechanismen, die wir kennen sollten und bedienen können, damit eine Komödie ein voller Erfolg wird. Aber dennoch hängt es auch von dem lachenden Subjekt bzw. der Gruppe ab, wie eine komische Darbietung ankommt.

Zum einen müssen Inkongruenzen und Normabweichungen erkannt werden, zum anderen muss das Dargebotene als harmlos empfunden werden und wir müssen eine emotionale Distanz zu dem Geschehen und den Protagonisten auf der Bühne haben.

Der erste Punkt – die subjektive Wahrnehmung – ist der Grund, warum das gleiche Dargebotene bei unterschiedlichen Beobachtern auch recht unterschiedlich wahrgenommen wird. Es gibt keine objektive Wahrnehmung. Wahrnehmung obliegt immer einer Verarbeitung und Bewertung durch das Subjekt. Das macht es also unmöglich, eine generelle Formel herzuleiten, die sozusagen eine Wirkung auf der Bühne beschreibt, die auch auf alle Beobachter gleich wirkt.

Die subjektive Wahrnehmung hängt sicher mit Herkunft, Kultur, Erziehung, Erfahrung und Intellekt zusammen. Die Inkongruenzen auf der Bühne werden also auch unterschiedlich wahrgenommen und bewertet. Wenn der eine

Voraussetzungen, Mittel und Probleme des Komischen im Theater

sich also über einen Gag köstlich amüsiert, so wird der andere sich nur über den fehlenden intellektuellen Geist des Gags aufregen. Die verschiedene Reaktion der Individuen auf eine komische Normabweichung liegt in einer intellektuell, sozial und kulturell geprägten Beurteilung und Einschätzung des Einzelnen über die Norm.

Komödien regionalen Bezugs laufen Gefahr, dass der Witz und die komischen Handlungen aufgrund ihres kulturellen und regionalen Bezugs nur von den „Eingeweihten" verstanden werden. Menschen außerhalb der Region werden vielleicht nicht alles Dargebotene verstehen, weil ihnen der Bezug fehlt. Möglicherweise ist auch eine Sprachbarriere vorhanden, bedingt durch das Nichtbeherrschen eines Dialektes. So mag ein Hamburger vielleicht bayrisches Volkstheater nicht verstehen und umgekehrt.

Auch können Komödien mit historischem Bezug nicht ohne Weiteres in jeder Zeit gespielt werden, weil womöglich die Komik nicht erkannt bzw. verstanden wird. Denn Normabweichungen und deren Erkennung hängen eben auch von der Zeit ab, in der die Normen gesellschaftlich definiert sind. Ebenfalls gibt es in jeder Zeit andere ethische Grenzen. Witze über Menschen anderer Herkunft, Behinderte und Kleinwüchsige sind heute allgemein ein Tabu, insofern man über sie lacht bzw. sie in ihrer Würde herunterstuft.

Man denke auch nur an die Nazizeit, in der derbe Judenwitze mehr als nur kein Problem waren. Das ist heute in unserer öffentlichen Gesellschaft anders.

Ein anderer Punkt ist die Distanz und Harmlosigkeit als notwendige Bedingung für das Komische. Wie oft kommt es doch vor, dass bestimmte Gruppen religiöser oder politischer Art beklagen, dass ein Theaterstück, ein Film, ein Komiker

Voraussetzungen, Mittel und Probleme des Komischen im Theater

oder eine Karikatur geschmacklos gewesen sei – man fühlte sich verletzt, beleidigt und/oder angegriffen.

Alles Tatbestände, die eine Komödie – zumindest bei einem Teil eines Publikums – scheitern lassen. Nämlich jene, die sich persönlich betroffen fühlen.

Wann wird eine Darbietung, die sich z. B. über Religiöses lustig macht, denn als nicht mehr komisch angesehen? Eben dann, wenn das Dargebotene nicht mehr harmlos ist.

Aber ab wann gilt z. B. ein religiöser Witz als nicht mehr harmlos? Das kann man nicht allgemein beantworten, denn es hängt von der Bewertung des Einzelnen ab. Ein religiös frommer Mensch wird einen Jesus-Witz oder einen Witz über die Kirche anders bewerten als ein Atheist. Während sich der Atheist königlich amüsiert, wird der Fromme bei gleicher Darbietung verärgert. Er ist berührt, persönlich verletzt und emotional betroffen, d. h., er ist nicht distanziert. Weil er nicht distanziert ist, ist das Dargebotene aus seiner Sicht auch nicht harmlos und deswegen versagt das scheinbar Komische. Für den Atheisten ist die ganze Darbietung womöglich völlig harmlos, weil er Distanz zum Dargebotenen hat. Er ist als Nichtgläubiger nicht beleidigt und deshalb gelingt es ihm, die Inkongruenzen über den Verstand zu erkennen und darüber zu lachen.

Aus der Theaterpraxis ist immer wieder zu beobachten, dass einzelne „Laut-Lacher" als Lachkatalysatoren wirken können. Wir wissen, dass in verschiedenen Gegenden verschiedenes Publikum auch unterschiedlich auf ein Theaterstück reagiert.

Wenn aber einzelne Personen oder eine kleine Gruppe in einer Vorstellung sitzen, die hemmungslos und laut lachen, so kann auch aus einem „lahmen" Publikum ein Aufgemuntertes werden. Ich beobachte, dass ein Tourneestück, welches einen grundsätzlich hohen Lacherfolg beim Publikum hat, an ein und demselben Ort unterschiedlichste Lacherfolge haben kann. Dafür kann man sicher unterschiedliche Gründe anführen.

Ich habe aber beobachtet, dass an einem Ort, wo an einem Abend bei ein und demselben Stück das Publikum kaum gelacht hat, der andere Abend aber aufgelockert oder gar ausgezeichnet verlief. Was war der Unterschied?

Eine mögliche Erklärung: An einem Abend waren keine oder kaum „Laut-Lacher" im Publikum, das Publikum reagierte eher träge. Der Applaus war am Schluss aber so, dass man interpretieren konnte, dass das Publikum an der Darbietung Gefallen fand. An einem anderen Abend befanden sich einige „Laut-Lacher" unter den Zuschauern. Das anfangs „zähe" Publikum „taute" also nach und nach auf und mehr und mehr Zuschauer lachten hörbar. Wenn also an einem Abend am selben Ort das Publikum während des Stückverlaufs wenig reagierte, entzündete sich an einem anderen Abend – nach einer gewissen Hemmschwelle – eine Art katalysiertes Lachfeuer (oder zumindest Lachfeuerchen).

Dieses im Theater beobachtete Phänomen ist nicht sehr ungewöhnlich, denn wir kennen es aus der Medienwelt. In jeder Talk- oder „Sonstwas-Show" gibt es **„Warm-Upper"** – also Menschen, die ihre Brötchen damit verdienen, das Publikum anzutreiben bzw. zu motivieren. Sie sind Katalysatoren für ein wild jubelndes, grölendes Publikum – und das nicht nur bei RTL.

Anders aber die Lautlacher im Publikum, sie wissen nichts von „ihrer Aufgabe"; sie steuern ihren Lachkonsum nicht aktiv: Sie sind so, wie sie sind. Sie unterscheiden sich also vom „Warm-Upper" – dieser steuert den Prozess aktiv und kalkuliert. Dennoch fungieren die „Lautlacher" als natürliche Katalysatoren, die jeder Regisseur und jeder Schauspieler nur „lieb gewinnen" kann.

Ich postuliere also unter der Berücksichtigung von Kapitel 2.1:

Unter der Voraussetzung der gelungenen Errichtung einer Komischen Communitas sind extrovertiert lachende Zuschauer die natürlich zündenden Katalysatoren in einem eher introvertierten Publikum.

3 Die komische Figur

3.1 Der komische Körper und die komische Erscheinung

Es gab Zeiten, in denen Kleinwüchsige, Bucklige, besonders große Menschen oder Menschen mit einem sichtbaren körperlichen Fehler verspottet und ausgelacht wurden. In bestimmten Kulturen galten Krüppel als Ausgeburt dämonischer Kräfte. Im vorchristlichen Rom mussten sie als Hofnarren ihre Herren oder Frauen unterhalten. Sie mussten sich derbe und grausame Späße gefallen lassen und sich einfallsreich und humorvoll gegen die Launen ihrer Besitzer wehren; dies konnte manchmal sogar tödlich enden. In unserer heutigen Zivilisation gelten körperliche Deformationen als Schicksal, für das der Betroffene keine Verantwortung trägt. Wir glauben in unserer aufgeklärten Welt an die Zufälligkeit der Körperform, nicht an schuldhafte, dämonische oder krankhafte Verfehlungen, die abgestraft und verlacht werden müssen. Es gilt als Tabu, über solche Menschen zu lachen. Insofern ist das Verlachen – das Auslachen – eines Buckligen in unserer Gesellschaft heute allgemein nicht mehr üblich.

Für die Bühnensituation ist das noch etwas anderes, weil wir besondere Vereinbarungen treffen (siehe Kapitel 1.1 und 2.1): Wir dürfen lachen. Aber wenn ein Mensch mit einem Buckel auf die Bühne tritt, ist das alleine überhaupt nicht lustig. Es sei denn, er arbeitet damit, indem er selbst Anspielungen macht oder Handlungen vollführt, die man von ihm nicht erwartet.

Stellen wir uns vor, ein kleiner buckliger Mann versucht auf der Bühne etwas aus einem dort stehenden Regal herunterzuholen. Er kommt nicht dran, dennoch versucht er es unentwegt und stellt alles Mögliche an, um dieses eine Ding aus dem Regal zu holen. Das kann komisch sein.

Oder stellen wir uns einen Beleibten vor, der sich durch einen engen Spalt zwingt. Er lässt nicht ab – er ist wie der Bucklige, wie ein Automat, der trotz schlechter Aussichten in seinem Bestreben verharrt. Das ist jener Automatismus, der uns in Verbindung mit dieser körperlichen Abnormität zum Lachen bringt.

Das Steife, das Mechanische und der Automatismus ist nach BERGSON das Komische, wie wir schon feststellten (siehe Kapitel 1.2 und 1.3). Wenn eine komische Figur mit einer körperlichen Abnormität eine von ihr – wegen der Abnormität – nicht erwartete Handlung ausführt und dann noch darin verharrt, ist dies komisch.

Ebenso ist es komisch, wenn bestimmte auffällige körperliche Merkmale eines Komikers, immer wieder sprachlich thematisiert werden und in inkongruente Zusammenhänge gestellt werden. So gesehen hat ein Komiker mit einem Schönheitsfehler einen gewissen Vorteil. Doch wenn ein wohlgeformter Mensch plötzlich Grimassen schneidet, einen körperlichen Fehler wie einen Buckel formt oder Ähnliches, so kann gerade dies komisch sein, weil sich eine plötzliche Inkongruenz oder – nach FREUD – ein Mehraufwand in der Bewegung einstellt, die man von dem Wohlgeformten so nicht erwartet hätte.

Die komische Figur erscheint mit zu großen, zu kleinen oder extravaganten Kostümen. Sie trägt eine übertriebene Haarpracht, merkwürdige Hüte usw. Allein ihr Erscheinungsbild zeigt, dass sie sich außerhalb der Norm bewegt. Natürlich kann der Protagonist auch völlig normal erscheinen und im Sinne der Kontrastkomik abnormes Verhalten zeigen (siehe Kapitel 1.3).

Allein die Kombination von körperlicher Abnormität, abnormaler Erscheinung und abnormalem Verhalten bietet ein unglaublich komisches Potenzial.

3.2 Der komische Charakter

Wie muss ein komischer Charakter gestrickt sein und wie unterscheidet er sich von einer dramatischen Figur? Neben der körperlichen Form und der äußeren Erscheinung ist die Struktur der Charaktere sehr wichtig und das gilt nicht nur für typische Charakterkomödien, deren Komik vor allem über die Charaktere geführt wird, sondern jede Komödie muss bestimmte Bedingungen an den Charakter stellen.

Der dramatische Charakter bewegt sich im Spannungsfeld innerer und äußerer Konflikte, handelt und wird von Emotionen motiviert, begleitet bzw. geführt. Die Emotionen erfüllen die dramatische Figur wie der Ton den Klangkörper und übertragen sich auf den Zuschauer. Dessen Bewusstsein verschmilzt mit dem Geschehen und im Idealfall leidet er mit der dramatischen Figur. Genau dieses Mitleid – diese Emotionalität – verletzt aber die Grundbedingung für die Komödie, nämlich die emotionale Distanz, wie schon öfter erwähnt. Das Lachen wird eben über den Intellekt gesteuert.

Das heißt, der komische Charakter darf nicht über die Emotion geführt werden. Was nicht bedeutet, dass keine Gefühle gezeigt werden dürfen. Aber die Gefühle der Figur dürfen den Grundkörper der Charaktere nicht ganz und gar erfüllen, sie leiten und sie wie eine Klangschale in Schwingung versetzen, sodass auch der Zuschauer emotional wird. Handlungen und Gefühle müssen jederzeit abgekoppelt werden können vom Fokus auf die komischen Kontraste, Inkongruenzen und Normabweichungen:

„Die Komödie lenkt unsere Aufmerksamkeit auf die Gesten anstatt auf die Taten,"[13] stellt Bergson seine Regel auf. Er definiert weiter:

> *„Unter Gesten seien hier Haltungen, Bewegungen, sogar Reden verstanden, durch die ein Seelenzustand sich ohne Absicht, ohne Nutzen, einzig getrieben von irgendeinem inneren Anreiz, offenbart (...) Die Handlung ist gewollt, auf jeden Fall bewußt; die Geste entzieht sich dem Bewußtsein, sie ist automatisch. In der Handlung gibt sich der Mensch ganz; in der Geste drückt sich ein isolierter Teil der Person aus, und zwar ohne deren Wissen oder doch zumindest außerhalb ihrer Totalität. Und schließlich steht die Handlung in einem exakten Verhältnis zu dem Gefühl, das sie ausgelöst hat; zwischen beiden findet ein gradueller Übergang statt, so daß unsere Sympathie oder Abneigung an dem Faden zwischen Gefühl und Handlung entlanggleiten und sich mehr und mehr erwärmen kann. Die Geste dagegen hat etwas Explosives, das unsere schon fast eingeschlafene Empfindsamkeit weckt; wir besinnen uns wieder auf uns selbst, und das übrige verliert seine Wichtigkeit."[14]*

Figuren können sich von ernst zu nehmenden Motiven leiten lassen; es können durchaus ehrbare Figuren aus der gesellschaftlichen Mitte sein. Komisch wird der Charakter durch das Herausarbeiten bestimmter Gesten, also Haltungen, übertriebenen Bewegungen, Macken, sprachlichen Fehlern etc.

In der Tragikomödie wird der Fokus abwechselnd auf die Gesten einerseits und auf die Handlungen und tiefen Gefühle

---

[13] Vgl. Henri Bergson, a. a. O., S. 103
[14] Vgl. Henri Bergson, a. a. O., S. 103

andererseits gelenkt. Die Übergänge zwischen dem Tragischen und dem Komischen müssen sorgsam gestaltet und die Mittel gut ausgewählt werden, damit die Tragikomödie nicht völlig in die Komödie abdriftet.

Der tragisch-komische Charakter muss eine gute ganzheitliche, tiefgründige Struktur besitzen, die sich in Handlungen ausdrückt und in inkongruenten Übergang zu dem automatisierten Teil der Person – der Geste – steht.

Es ist schnell einzusehen, dass es auch an den komischen Charakter, abhängig vom Werk, unterschiedliche Ansprüche gibt. Es gibt Komödien, deren Charaktere eher Typen sind, die sich vor allem von Klischees ableiten, die man hervorragend bedienen kann. Die Struktur dieser Typen ist eher oberflächlich und leicht zu erkennen, ihre Gesten sind bezeichnet für diesen Typ und auch deshalb komisch. Häufig findet man solche Typen in der heutigen vielfältigen Comedywelt. Ob prolliger Türsteher oder spießiger Hausmeister – es sind Typen, die wir alle irgendwie aus der Realität kennen. Aber im Unterschied zu der komplexen Person wurden nur die auffälligen, abnormen Eigenschaften herausgelöst und den Typen angeheftet wie ein Aushängeschild. Die komplexe Persönlichkeit wurde reduziert und verdichtet.

Andere komischen Charakteren bedürfen schon mehr Tiefe, dennoch gilt auch hier: Der Fokus in der Komödie wird auf die Gesten des Charakters gelenkt.

In jedem Fall darf der Charakter nicht die autoritäre oder moralische Instanz sein, ohne Widersprüche in sich selbst, ausgefüllt mit einem tiefen tragischen Gefühl. Zumindest Widersprüche, Ecken und Kanten, also Inkongruenzen in der Persönlichkeitsstruktur, müssen vorhanden sein. Das Sichtbarmachen dieser Inkongruenzen, der Transport an die

Peripherie und das Ausgestalten der Gesten nach dem Muster der Inkongruenzen, ist es dann, was die komische Figur, also den Charakter ausmacht.

Eine andere Form von komischer Figur ist der Narr oder Clown. Er ist sozialer Außenseiter und/oder Opfer außerhalb der Norm. Er agiert im Spannungsfeld zwischen triebhaften Interessen und den Anforderungen von Struktur und Ordnung. Der Narr verfolgt das Lustprinzip: Analyse oder moralische bzw. politische Bestimmung sind ihm fremd; er bewegt sich an und aus den Rändern der gesellschaftlichen Mitte, um immer wieder in diese zurückzukehren und dadurch die Ordnung zu stören. Gleichzeitig verweist er aber auch auf diese Ordnung ohne es zu wollen, denn seine Taten sind außerhalb der Norm und werden mit dem Lachen abgemahnt. Seine Erscheinung ist erkennbar abnormal: Er trägt überdimensionierte Hosen, eine große Haarpracht und extravagante Hüte. Er rülpst, furzt und schmatzt. Ebenfalls ist er wie ein Kind naiv, kennt keine Zeit, hüpft, taumelt, ist frei und muss keine Verantwortung übernehmen.

Die Bühne spiegelt auszugsweise und dramaturgisch verdichtet nachgeahmtes Leben wieder. Das Leben wiederum beginnt mit der Geburt und setzt sich linear fort über die Kindheit, die pubertäre sexuelle Reifung, das Erwachsenalter, das Alter mit seinem körperlichen Zerfall und dem Ende der körperlichen Existenz, dem Tod. Die tragische Figur darf sich linear von den Stationen des Lebens aus in die Richtung des Todes bewegen und diesen auch endgültig in der fiktionalen Welt sterben. Wenn die komische Figur stirbt, dann ist die komische Illusion vorbei. Die komische Figur hingegen kann sich nicht linear in die Richtung des Todes bewegen. Deshalb flüchtet sie immer in die andere Richtung – der Geburt. Die geburtliche, kindliche Existenz bietet einen Schutzraum, der harmlos und spielerisch ist. Das Kind erschießt ein anderes mit einer Banane; es ist Cowboy oder Indianer bzw. Indianerin –

aber immer bleibt der nicht ernsthafte, unbedrohliche Charakter des Spiels klar erkennbar. Die Mutter muss sich keine Sorgen machen, dass ihr Malte die Susi mit der Kinderpistole wirklich erschießt. Genauso muss sich der Zuschauer keine Sorgen machen, dass der komischen Figur wirklich ein Leid geschieht. Der Zuschauer wusste von Anfang an, dass die komische Figur nicht sterben wird oder sich wirklich verletzt hat – er weiß (wie die Mutter), dass alles nur harmloses, vergnügliches kindliches Spiel ist. Die komische Figur kann also jeder dem Ende anmutenden Bedrohung ausweichen, indem sie sich in die Regression – in den kindlichen Schutzraum – begibt. Deshalb muss aber alles vermieden werden, was sie selbst als ernst zu nehmenden, handelnden, erwachsenen Charakter definiert. Den Erwachsenen unterscheiden vom Kind vor allem die sichtbare Ausgeburt der geschlechtlich eindeutig definierenden Sexualorgane und das triebhafte Sexualverhalten. Die komische Figur darf dies so nicht ausbilden. Deswegen tragen Narren oder Clowns oft übergroße oder zu kleine Kleidungsstücke: Ihre Erscheinung ist zweigeschlechtlich in der Schwebe gehalten und nicht eindeutig definierbar.

Natürlich darf die komische Figur auch als Liebhaber oder Liebhaberin auftreten. Dies tut sie aber nicht in voller Männlichkeit oder Weiblichkeit, die ernst zu nehmen wäre, sondern immer mit dem Charme und der Erscheinung eines großen naiven Kindes. Sie gewinnt nicht und verliert nicht wirklich. Wenn der Narr eindeutig gewinnt, so gewinnt er an Macht und Position, wird überlegen, erwachsen und bedrohlich. Er darf nur gewinnen, wenn klar ist, dass die Art und Weise der Machterlangung und die Art der Position, die er erreicht hat, irreal oder gar absurd ist.

Der Clown als Opfer beispielsweise ist auch nicht nur Verlierer, denn die Art und Weise seines Verlustes ist irreal oder absurd. Eventuell gewinnt er auch durch seinen Verlust an Sympathie beim Publikum, was ihn deshalb aus Sicht des Zuschauers auch erhöht. Das Spiel der komischen Figur ist deshalb auch ein Spiel im Spannungsfeld von Unter- und Überlegenheit. Meist wird dieser Kontrast von zwei Darstellern ausgefüllt (vgl. Kapitel 1.3). Nehmen wir als Beispiel das legendäre Komikerduo „Dick und Doof": Beide erleben einen ständigen Wechsel eines situativen Status. Mal erhöht sich der eine über den anderen und mal ist es umgekehrt.

3.3 Arbeit des Schauspielers am komischen Charakter

Natürlich können wir in diesem Kapitel nicht die komplexe Thematik der Rollenarbeit beleuchten, aber doch einige Unterschiede und Anregungen zur Erarbeitung eines komischen Charakters sollen gegeben werden.

Grundsätzlich ist eine Rolle immer eine ganzheitliche Synthese aus Elementen der literarischen Vorgabe, der eigenen Interpretation und Imagination durch den Darsteller und der Vorgabe durch das Inszenierungskonzept.

Die Gesten – also Haltungen, Bewegungen, aber auch sprachliche Mittel – einer dramatischen Figur stehen in Analogie zu den Emotionen und motivierten Handlungen. Das Wesen der Figur, die Gesten und die Handlungen sind kongruent zueinander. Emotionen drücken sich über Körper, Sprache und Atmung in völliger Eins-zu-eins-Übersetzung aus, nichts wird über- oder untertrieben.

Wie oben schon erwähnt, lenkt die Komödie die Aufmerksamkeit auf die Gesten: Die Gesten sind isolierter Teil des Charakters, sie sind die mechanische Peripherie.

Die Fragen im Folgenden, mit deren Hilfe ich einen komischen Charakter erarbeite, unterscheiden sich im Wesentlichen in zwei Punkten von den Fragen an den dramatischen Charakter:

a) Die Gesten beziehen sich auf Besonderheiten, Abweichungen und komischen Fehlern.
b) Die Gesten werden isoliert; sie sind zwar Teil der Figur, motivieren sich aber nicht aus der emotionalen Tiefenstruktur der Figur.

- **Körper / Erscheinung:**
  - *Welche Besonderheiten hat das Aussehen bzw. die Erscheinung der Figur?*
  - *Hat die Figur einen körperlichen Fehler?*
  - *(Was den körperlichen Fehler betrifft, so richtet sich das durchaus an den Schauspieler, schließlich kann ein dicker Schauspieler keinen dünnen Charakter mimen usw.)*
  - *Trägt die Figur auffällige Kleidung etc.?*

- **Haltung:**
  - *Nimmt die Figur bestimmte immer wiederkehrende Haltungen ein? Ist der Körper aufrecht, erhaben (wie z. B. beim Butler), oder eher gebückt krumm?*
  - *Eignen sich bestimmte Positionen, Haltungen der Figur zur Übertreibung?*

- **Bewegung und Mimik:**
  - Hat die Figur eine permanente Störung in der Bewegung, z. B. Hinkefuß etc.?
  - Gibt es temporäre, situative oder immer wiederkehrende Bewegungen?
  - Welche Bewegungen können übertrieben werden?
  - Hat die Figur eine Macke, die sich in Mimik und Bewegung und Haltung auswirkt? Wenn ja, wie?
  - Wie sind das Tempo und die Art der Bewegung der Figur (langsam, normal, schnell, hektisch etc.)?

- **Sprache und Atmung:**
  - Gibt es wiederholende Aussprüche? (man beachte die literarische Vorgabe, in der Improvisation kann man natürlich kreativ sein)?
  - Spricht die Figur einen Dialekt oder hat sie einen ausländischen Akzent?
  - Spricht die Figur langsam oder schnell, hektisch, stottert, lispelt sie etc.?
  - Betont die Figur bestimmte Worte oder Silben, Endungen etc.?
  - Wie ist die Höhe / Tiefe der Stimme beschaffen? Hat die Figur eine besondere Sprechmelodik?
  - Atmet die Figur besonders? Atmet die Figur an bestimmten Stellen besonders ein oder aus?

Diese Fragen sind als sinnvolle Anregung zur Rollenarbeit gedacht und nicht als Patentrezept zu verstehen. Dennoch sind Fragen und Antworten im kreativen Prozess eine gute Hilfe. Man kann die Fragen ergänzen oder anders formulieren – immer aber achte man auf die konkrete Formulierung und konkrete Festlegung. Nachdem man ausprobiert bzw. experimentiert hat – mit der Sprache, mit der Haltung und der Bewegung –, muss man etwas ganz konkret festlegen und präzise ausführen. Als Vorlage für eine komische Figur kann man eine Person nehmen, die man kennt. Man kann bestimmte Besonderheiten dieses realen Menschen herauskristallisieren, diese nachahmen bzw. übertreiben und als Mosaikteilchen, sozusagen als Bausatz für die Figur, nehmen.

Generell ist das Beobachten, gerade in der Komik von entscheidender Bedeutung. Es gibt keinen komischen Charakter, den man nicht auch als Person in der Realität findet:

Studieren Sie am Bahnhof, in der Kneipe, in der Bahn oder gar im Bundestag. Sie finden so viele Personen, die sich als Vorlage eignen. Der Unterschied zwischen einem komischen Charakter und einer Person der Realität ist nur der, dass der komische Charakter nicht die komplexe Person umfassen kann, sondern nur Teile dieser. Diese Charakterteile, die sich vor allem in Gesten äußern, werden übertrieben und verdichtet. Ebenfalls ist die Figur auch als eine „Mischung" aus den Charakterteilen verschiedener Personen denkbar.

4 Sprache und Handlung

Im Kapitel 3.2 haben wir mit BERGSON die Handlungen eines Charakters ins Verhältnis zum Gefühl gesetzt. Die komischen Handlungen, die wir im Folgenden besprechen, sind die Aktivitäten und Sprachhandlungen, die nicht vom Gefühl motiviert sind oder Emotionen erzeugen.

4.1 Sprache und Rhetorik in der Komödie

Wenn wir mal vom reinen Bewegungstheater absehen, so ist der Umgang mit der Sprache ein wichtiges Element, mit der wir in der Komödie arbeiten können.

Wir unterscheiden:

1. Stimmliche Mittel:

Hier stellt sich die Frage, wie die Figur ihre stimmlichen Mittel einsetzt. Also Stimmlage, Stimmstärke und Stimmart.

Stimmlage heißt, sitzt die Stimme tief, mittel oder hoch. Eine z. B. besonders hohe Stimme kann bei einer sehr männlich wirkenden Person, im Sinne der Kontrastkomik, sehr lustig wirken (vgl. Kapitel 1.3).

Stimmstärke heißt, laut oder leise. Da Komik eben auch aus Übertreibung bzw. unverhältnismäßigem Einsatz der Mittel entsteht, kann es komisch sein, mit einer besonders lauten oder leisen Stimme zu arbeiten.

Als Letztes, *die Stimmart* meint eine hauchige, krächzende Stimme oder Vergleichbares. Auch die Stimmart kann als Kontrast oder als Verstärkung einer komischen Figur benutzt werden. Ein Butler mit feuerroten Haaren und erlesenem Verhalten, der wie die Koboldfigur „Pumuckl" spricht, kann sehr komisch wirken. Hier steht die Verstärkung der Erscheinung (Koboldlook, rote Haare etc.) durch die Stimme im Kontrast zu der erlesenen Eleganz der Figur.

2. Sprechgestalterische Mittel:

Betonungen sind – neben Pausen – dazu da, den Sinnzusammenhang und die Gewichtung des Inhalts herzustellen. Eine Betonung oder Setzung einer Pause an der „falschen" Stelle kann eine komisch anmutende Verschiebung des Sinnzusammenhangs darstellen. Die Wirkung der Verschiebung einer Pause soll folgendes Beispiel zeigen:

- **Lieben nicht hassen.**
  Auf den ersten Blick sind hier zwei Pausenvarianten möglich und damit auch eine Verschiebung der Betonung und Intonation:

- **Lieben / nicht hassen.**
  Das meint, dass man Menschen mit Liebe entgegnen soll, sie nicht hassen soll.

Betrachten wir nun die zweite Pausensetzung:

- **Lieben nicht / hassen.**
  Dieser entstandene Sinnzusammenhang ist völlig anders zu verstehen, obwohl der Satz der Gleiche bleibt. Hier ist aufgefordert, nicht zu lieben, sondern zu hassen.

Neben den logischen und den Atempausen gibt es im Schauspiel noch die psychologischen Pausen. Die psychologischen Pausen sind relativ unabhängig von den „Gesetzen der Sprechgestaltung", weil sie aus dem inneren Bedürfnis der Figur entstehen sollen. Sie geben der Figur

Raum, das vorher Gesagte nachzubereiten und das darauf Folgende vorzubereiten.

In der Komik kann die Figur – in der psychologischen Pause – das vorher Gesagte oder Folgende gestisch und mimisch untermalen oder ironisch infrage stellen.

Etwas anderes sind sprachliche Besonderheiten des komischen Charakters. Dazu zählt das Stottern, das Lispeln, das Überbetonen von bestimmten Silben und Endsilben oder besonders schnelles, langsames oder hektisches Sprechen. Ebenso kann ein Dialekt oder Akzent wunderbar eingesetzt werden (siehe Kapitel 3.3).

3. Grammatische Struktur und rhetorische Mittel:

Die bewusste Missachtung bzw. Verunstaltung der grammatischen Gesetzmäßigkeiten wie der des Satzbaus, der Beugung, der Fallbildung oder der Steigerung etc. bietet vielfältige Möglichkeiten.

Beispiele: „Da werden Sie geholfen."; „Tut mich traurig"; „Der sieht viel toter aus, als wie Du."; „gut, güter, am gütesten." Oder auch eine Aussage, die ich einmal im realen Leben in der Kölner Straßenbahn vernommen habe: „Ey warte, ich bin gleich Neumarkt."

Für den Comedian, Kabarettisten und Improvisateur liegt mit der ***grammatikalischen inkongruenten Ausdrucksform*** ein unerschöpfliches Mittel vor. In der Literaturkomödie richtet sich hier alles nach der Vorlage.

Kommen wir nun zu den *rhetorischen Mitteln*, die ich aus der klassischen Rhetorik entnehme:

- *Homonyme* sind gleichlautende Wörter von ganz verschiedener Bedeutung, Wortherkunft und Schreibweise. Auch wenn das Wort anders geschrieben wird, es hört sich gleich an und bezeichnet in der Aussprache ganz verschiedene Dinge und erzeugt auf diese Weise einen Doppelsinn, wie z. B. Meer / mehr oder Lehre / Leere. Man kann diese Homonyme bewusst einsetzen. Ein Beispiel: **Dieser Professor beeindruckt durch seine unglaubliche Lehre / Leere.**
- *Synonyme* sind sinnverwandte, aber verschiedene Wörter, die das Gleiche bezeichnen. Sie wirken z. B. komisch in einer künstlichen Aufblähung des Gesagten, wie z. B.:

    - *Dieser subintelligente, dümmliche, bildungsferne Kerl.*
    - *Diese schlankheitsverweigernde, fettschwangere, dickliche Frau.*

- *Paronymische Wortspiele:* Von Stammwörtern, durch ihre Verlängerung oder Verkürzung, abgeleitete Wörter, wie z. B. es mondet.
- *Diminutivform* ist die Verkleinerungsform, meist gefühlsmäßig oder als Kosewort gebraucht, wie z. B. Messerchen, Kätzchen, Mäuslein, Ehemännchen, Eheweibchen.

Zuletzt seien noch die *Wiederholungen* von Wörtern, Satzteilen, Aussprüchen etc. erwähnt. Die Wiederholungen sind in der Literaturkomödie durch den Autor vorgegeben. In der *Improvisation* können wir damit hervorragend spielen, auch um dem Charakter eine Macke zu geben. Die

Wiederholung wird im folgenden Kapitel nochmals aufgegriffen.

4.2 Die komischen Handlungen

4.2.1 Der unermüdliche Kampf mit dem Objekt

Jeder kennt die Tücken des Alltags: Ein Objekt oder eine Maschine will nicht so, wie sein Besitzer oder Benutzer. Der Kampf beginnt und meist gewinnt man ihn, wenn auch mit etwas Mühe. Wir beherrschen das Ding, was uns anfangs widerspenstig entgegentritt, letztendlich doch.

Aber in der Komik ist das anders: Das Objekt scheint ein Eigenleben zu haben und das Subjekt nimmt einen unermüdlichen Kampf auf. Normalerweise handeln wir klug, besonnen und angemessen und werden Herr oder Frau der Lage. In der Komödie scheint das Objekt übermächtig und das Subjekt unterlegen zu sein. Je unterlegener das Subjekt ist, desto mühsamer, unverhältnismäßiger und aussichtsloser wird die Bemühung sein und das angerichtete Chaos ist grenzenlos – das ist die Komik. Und hier wird wieder das Gesetz Bergsons deutlich, dass das Mechanische, das Steife komisch ist. Das Subjekt lässt eben nicht ab oder wählt vernünftige Mittel, bleibt also flexibel, sondern es verharrt im hoffnungslosen Kampf mit dem scheinbar übermächtigen Objekt. Hier wird auch deutlich, dass die komische Figur in einer kindlichen Naivität auftritt. Die Mittel sind nicht verhältnismäßig, wohl überlegt, vernünftig gewählt und zielführend, wie bei einem Erwachsenen, sondern eben in besonderer Weise kindlich.

4.2.2 Stürzen, Stolpern, Fallen

Was ist lustig daran, wenn jemand fällt oder stolpert? Eigentlich ist es streng genommen ganz und gar nicht lustig, wenn jemand stolpert oder fällt, selbst wenn der Sturz harmlos ist. Wir müssen den Kontext sehen, wenn solche Dinge passieren. Betrachten wir zunächst einige Beispiele:

1. Ein Mann betrachtet auf seinem Wanderweg, die schönen Kirschbäume und richtet so also seinen Blick nicht nach vorne, sondern nach oben. Plötzlich fällt er in eine Grube.
2. Ein Dichter läuft, vertieft in seine Dichtung, durch sein Zimmer und stößt sich plötzlich an einem kleinen Schränkchen.
3. An einem See schaut ein Mann einem jungen, hübschen Mädchen hinterher und geht aber dabei weiter vorwärts auf den See zu und fällt plötzlich in diesen.

In allen Fällen – Harmlosigkeit vorausgesetzt – stellen wir fest, dass die Aufmerksamkeit nicht auf den momentanen Vorgang des Gehens gerichtet ist. Der Wanderer muss schauen, wo er hinläuft, was vor ihm liegt, tut er aber nicht, sondern stattdessen lenkt er seine Aufmerksamkeit auf etwas anderes, als auf den Vorgang des Gehens. Auch der Dichter kennt sein Zimmer, er weiß, wo sein Schränkchen steht, trotzdem stößt er sich daran, denn sein Fokus richtet sich nicht auf sein Gehen; er ist zu vertieft in seine Gedichte. Er hätte aber den Zusammenstoß verhindern können, genauso wie der potenzielle Amoroso, der in den See stürzt. Wir finden in allen Beispielen eine Zerstreutheit der Personen vor, die es ihnen nicht möglich macht, auf unvorhergesehene Situationen zu reagieren, also die Grube, das Schränkchen und den See. Sie verharren in ihrer Zerstreutheit wie eine träge Masse und es kommt, wie es kommen muss: Sie stürzen, stolpern oder fallen plötzlich.

Der Schauspieler auf der Bühne muss bei solch einem Vorgang damit klarkommen, dass er genau weiß wann, wie und wo er zu Fall kommt und er diesen Vorgang kontrollieren muss. Dennoch muss es so aussehen, als sei er zerstreut und alles passiert unvorbereitet und plötzlich. Der Schauspieler muss sich gerade bei solchen Vorgängen hochgradig konzentrieren und kontrollieren. Nach außen wirkt er aber wie ein unbeholfenes Kind, das plötzlich zu Fall kommt, weil er eben das Unvermögen besitzt, auf ein Hindernis flexibel zu reagieren und den Fall so zu verhindern.

4.2.3 Wiederholungen

Wiederholungen sind die klassischsten Mittel in der Komik und haben nach BERGSON etwas Mechanisches. Das Leben bietet eigentlich keine exakte Wiederholung – selbst bestimmte Situationen, wie z. B. rituelle Familienfeiern, wiederholen sich nie genau gleich. Die Realität bedarf meist einer Veränderung, an die sich auch eine Wiederholung anpassen muss. Wenn also etwas wiederholt wird – genauso wie es mal war, ohne das etwas hinzugefügt oder verändert wird –, so wirkt diese Wiederholung komisch, denn die Unfähigkeit, sich flexibel anzupassen, das Steife, das Mechanische, ist das Komische (vgl. Kapitel 1.2).

Wir unterscheiden:

1. **Wiederholung von Lauten, Worten, Satzteilen oder Sätzen.**

Das Wiederholen von Floskeln, wie z. B. „nicht wahr" oder „das ist so", kann eine „Macke" des komischen Charakters kennzeichnen.

Ein Wort, Ausruf oder Kurz-Dialog kann als „Spruch für alle Fälle" dienen. Dieser kann auch ohne direkten Anlass eingesetzt werden und gelegentlich auch über Texthänger, Pausen oder Pannen hinweg helfen.

2. **Wiederholung von Mimik, Gestik und Bewegungsabläufen.**

Auch mimische und gestische Wiederholungen einer Figur können die „Macken" und Eigenheiten dieser kennzeichnen.

3. **Wiederholung von Aktionen, Reaktionen, Dialogen, Situationen**

Dialoge, die sich an besonderen Stellen in der Komödie – nur mit vertauschten Rollen (Rolleninversion) - immer wiederholen und gleich ablaufen, können ganz besonders komisch wirken.

Ein Beispiel für eine sich wiederholende Reaktionen ist das Burgfräulein, was auf ein bestimmtes Signal oder eine Geste in Ohnmacht fällt. Immer, wenn dieses Signal auftaucht, weiß der Zuschauer schon amüsiert, was nun passieren wird – und es passiert.

4.2.4 Der Domino-Mechanismus

Jeder kennt das: Unzählige Dominosteine werden mühsam und präzise nacheinander aufgestellt, alles erscheint in bester Ordnung und Harmonie. Doch plötzlich: Ein kleiner Stoß gegen den ersten dieser Steine und es löst sich eine Kettenreaktion aus. Der erste Stein stößt gegen den zweiten, dieser gegen den dritten usw. – immer schneller, bis der letzte Stein gefallen ist, entwickelt sich die Katastrophe bis zur völligen Unordnung.

Ein Beispiel auf der Bühne: Eine Dame öffnet von außen die Tür, diese stößt einen Mann, der vor der Tür steht, um und dieser stößt gegen einen Tisch, auf dem eine Melone liegt. Der Tisch klappt zusammen, die Melone rollt runter und kegelt gegen ein Schränkchen; dieses wird erschüttert und die auf ihm befindliche Vase kippt runter – das Chaos ist perfekt.

Diese Art von Domino-Effekt ist auf der Bühne nur mit guter Bühnentechnik, präzisem Aufbau und einem hundertprozentigen Timing möglich. Im Film kann man sich hier noch in unendlich größere Katastrophen hineinsteigen. Die Möglichkeiten im Film sind gerade heutzutage sehr groß, da die technischen Voraussetzungen gewachsen sind. Auf der Bühne sind solche Katastrophen – wie oben beschrieben – umso schwieriger zu produzieren, je komplexer sie sind.

Der Dominoeffekt, den BERGSON auch als **Schneeballeffekt** beschreibt, funktioniert auch in der Situationskomik. Ein Beispiel:

Stellen wir uns ein gemeinsames Familienmahl auf der Bühne vor: Alle Protagonisten sitzen am Tisch und nehmen friedlich ihr Mahl ein. Plötzlich fällt ein Wort oder ein Satz und die Friedlichkeit kippt. Ein Wort gibt das Andere, der Streit entflammt immer heftiger und schneller bis zum vollendeten

Chaos. Hierzu benötigen wir keine Slapstickelemente (zumindest nicht zwingend). Wie im Beispiel mit den Dominosteinen ist das Chaos situativ schon vorprogrammiert: Alle versammelten Familienmitglieder sind sich spinnefeind und nur in erzwungener Friedlichkeit zusammengekommen. Ein „Stoß", ein Wort, ein Satz und der Dominoeffekt kommt in Gang, das Chaos lässt sich nicht mehr aufhalten.

In einer Theaterinszenierung muss hier besonders auf Anschlüsse und Tempo geachtet werden. So wie sich der Ablauf des Dominogeschehens von höchster Ordnung physikalisch zu höchster Unordnung beschleunigt, so muss sich auch das Bühnengeschehen beschleunigen. Zuerst befinden wir uns in scheinbarer Harmonie, doch dann macht Protagonist A eine Bemerkung und B kontert. C mischt sich ein und wird von D beleidigt usw. Der Streit entfacht, bis alle nur noch zanken. Dabei fängt der Auftakt langsam und eher sparsam an. A macht vielleicht nur eine Bemerkung nebenbei, die von B erwidert wird und die folgenden Reaktionen werden immer schneller und schneller, größer und größer, übertrieben und übertriebener, bis das Chaos schlussendlich perfekt ist und sich die Gesellschaft auflöst und die Szene oder den Szenenabschnitt beendet.

4.2.5 Verfolgungsjagd, Schlägereien, Stunts, Tanzparodien

Verfolgungsjagden sind häufig Bestandteil von Clown-Nummern. Gründe für Verfolgung lassen sich reichlich finden, wie z. B. die Rache für einen Streich oder der Konflikt um einen begehrten Gegenstand. Für eine Jagd braucht es einen Jäger und einen Gejagten – ein Opfer.

In der Natur sind die Richtung und die Durchführung der Jagd klar und geplant. Eine Maus würde niemals auf die wenig Erfolg versprechende Idee kommen, eine Katze zu jagen, sondern die Katze ist der Jäger und die Maus nimmt die Rolle des Opfers ein. Die Katze schleicht sich an und „plant" ihren brutalen Angriff. Die Verfolgungsjagd geht also nur in eine Richtung, ist auch meist schnell zu Ende, da die Maus in der Regel keine Chance hat (es sei denn, die Katze ist schon auf Rente). Die Mittel der Katze sind effektiv, aber auch die Maus gibt ihr bestes im Sinne ihres Lebenserhaltungstriebes. In der Komik ist der Jäger meist (aber nicht zwingend) der Überlegene. Die Jagd kann aber auch umgekehrt werden: Plötzlich wird aus irgendeinem Grund aus dem Jäger der Gejagte und umgekehrt.

Ebenso können auch Figuren mit einer z. B. körperlichen Unterlegenheit die eigentlich physisch überlegene Figur jagen. Die Komik hier besteht – aus Sicht des Zuschauers – in einer Inkongruenz aus Erwartung und Wirklichkeit. Der Zuschauer erwartet von der körperlich überlegenen Person auf der Bühne natürlich die Inanspruchnahme der Jägerrolle, von der unterlegenen Figur die Übernahme der Opferrolle. Das entspricht aber nicht der Wirklichkeit, denn es verhält sich genau umgekehrt. Die Erwartung wird getäuscht, sie steht in Inkongruenz zur Wirklichkeit, der Verfolgung auf der Bühne.

Die Mittel der komischen Verfolgung sind keineswegs effektiv, zielgerichtet und flexibel. Ändert die Maus ihre Richtung, so tut dies auch die Katze. In der komischen Verfolgung ist das womöglich nicht so: Der Verfolgte ändert seine Richtung, der Verfolger behält jedoch seine Richtung bei und läuft z. B. gegen eine Wand oder Ähnliches. Auch sind die Gebärden übertrieben und unnötig: Ein verfolgtes Tier hampelt nicht rum und schreit auch nicht unnötig, es rennt weg und versucht, zu entkommen. Der komische verfolgte Protagonist streckt die Zunge raus, provoziert, hampelt rum und gibt unnötige Kommentare ab – alles biologisch-physikalisch ineffizient und reine Energieverschwendung, aber eben komisch.

Wenn wir mal von der Ohrfeige nach Stanislawskij absehen, sind **Schlägereien** und **Stunts** auf der Bühne natürlich immer nur gestellt (das wollen wir zumindest zugunsten der Protagonisten hoffen). Aber es gibt einen Unterschied einer dramatisch inszenierten Schlägerei zu einer komischen. In der komischen Schlägerei sind Schläge, Tritte und Reaktionen nicht effizient, sondern deutlich übertrieben und nicht in einem Fluss: Es gibt immer wieder Brüche des dramatischen Flusses und verzögerte Reaktionen.

Wie in Kapitel 1.2 als Beispiel schon erwähnt ist der Unterschied einer **Tanzparodie** zu einem ästhetischen Tanz der, dass bewährte Schritte, Mimiken und Gestiken maßlos übertrieben werden. Auch können Pannen, unrhythmische Bewegungen, aber auch Slaps die Parodie bereichern. Zur Parodie eignen sich bekannte Melodien mit bekannten Tanzchoreografien (z. B. Mambodance à la „Dirty Dancing") oder bekannte Melodien mit unbekannten, selbst entwickelten Tanzparodien.

4.2.6 Destruktion – die Zerstörung der dramatischen Spannung

Stellen wir uns die Szene vor: Eine Figur bereitet ihren Selbstmord vor, greift in die Schublade, um eine Pistole herauszuholen; die Zuschauer sind gebannt und ahnen, was jetzt kommen muss. Doch es passiert das, was für jeden Dramatiker schlicht einen Albtraum, eine Katastrophe darstellt: Die Schublade ist leer, das Requisit fehlt.

Oder eine andere Szene: Ein Liebhaber bückt sich nach dem Taschentuch, den seine Angebetete fallen gelassen hat, mit erlesener Eleganz. Während er sich bückt, platzt ihm die Naht seiner Hose im Schritt, deutlich erkennbar – ein Albtraum für jeden Schauspieler.

Wenn also in einem Drama ein Requisit fehlt oder etwas Unerwartetes passiert oder ein Darsteller z. B. einen Satz falsch betont, kann dies die dramatische Illusion, die dramatische Spannung zerstören. Was für die Tragödie sozusagen eine Tragödie in der Tragödie darstellt und deshalb um jeden Preis zu vermeiden gilt, ist für die Komödie ein unglaublicher Spaß. Die Zerstörung der dramatischen Spannung durch ein inkongruentes nicht passendes Geschehen.

4.2.7 Das komische Ende

In der Literaturkomödie ist der Schluss natürlich durch den Autor festgelegt; der Darsteller hat hier keinen Einfluss darauf. In der Improvisation sind die Darsteller die Produzenten eines ordentlichen Abschlusses: Verwicklungen und Verwechslungen müssen geklärt werden, das Chaos muss beendet werden etc. Meist enden Komödien mit einem Happy End, indem z. B. die Liebenden wieder zueinanderfinden, sich versöhnen oder heiraten.

Das Ende hat immer die Funktion die Zuschauer, das heißt die *Komische Communitas* auf die **Angliederungsphase** (siehe Kapitel 2.1) einzustimmen. Das bedeutet, dass zum einen das Ende einer Komödie oder komischen Darbietung klar und unmissverständlich erkennbar sein muss, zum anderen muss der Zuschauer mit einem guten Gefühl und der Gewissheit über die Harmlosigkeit des Dargestellten entlassen werden.

Im Improvisationstheater, wo nur ein Impuls oder ein Themenschwerpunkt für die Improvisation gegeben ist und die Darsteller alles aus dem Nichts erschaffen, ohne sich vorher abzusprechen, ist die Produktion eines ordentlichen Schlusses äußerst schwer. Die Darsteller müssen sehr aufeinander eingespielt sein, um selbst zu erkennen, wann es an der Zeit ist, zum Ende zukommen. Sie müssen vertrauen, dass einer von Ihnen das Stichwort bringt, um ein ordentliches Ende der Szene zu produzieren.

5 Die Kernthesen des „Rezepts"

5.1 Kapitel 1

- Distanz und Harmlosigkeit sind Grundbedingungen für das Komische.
- Emotionale Distanz: Das Gefühl wird für den Moment ausgeschaltet (Anästhesie des Herzens n. *BERGSON*).
- Die Komik richtet sich an den Intellekt.
- Die Lust der Komik geht aus erspartem Vorstellungsaufwand hervor. (Freud)
- Das Lachen dient als Korrektiv, als Abmahnung an die Versteifung (das Komische) des einzelnen gesellschaftlichen Organs, zum Erhalt der Geschmeidigkeit und Flexibilität des Ganzen (*BERGSON*).
- Das Komische entsteht durch Kontraste und Inkongruenzen und dem Spiel damit.
- Inkongruenzen, die beim Zuschauer Lachen erzeugen sollen, müssen plötzlich kommen und anschaulich sein.

5.2 Kapitel 2

- Lachen ist immer das Lachen einer Gruppe (*BERGSON*).
- Die komische Communitas durchlebt drei Phasen: Trennungsphase, Schwellenphase, Angliederungsphase (Kapitel 2.1).
- Um Distanz zum Geschehen auf der Bühne zu halten bzw. zu erzeugen, können die Mittel der Fiktionsdurchbrechung dienlich sein.
- Die ironischen Protagonisten bewegen sich in einem Spiel von Unter- und Überlegenheit.

- Die Elemente eines Tabuthemas werden im Verfahren des schwarzen Humors ins Groteske und Absurde übersteigert.
- Durch Status bzw. Rolleninversion entstehen Inkongruenzen und damit wird eine Komik erzeugt.
- Die verschiedenen Reaktionen der Individuen auf eine komische Normabweichung liegen in einer intellektuell, sozial und kulturell geprägten Beurteilung und Einschätzung des Einzelnen über die Norm.
- Unter der Voraussetzung der gelungenen Errichtung einer Komischen Communitas sind extrovertiert lachende Zuschauer die natürlich zündenden Katalysatoren in einem eher introvertierten Publikum.

5.3 Kapitel 3

- Die Kombination von körperlicher Abnormität, abnormaler Erscheinung und abnormalem Verhalten, bietet ein unglaublich komisches Potenzial.
- Die Komödie lenkt unsere Aufmerksamkeit auf die Gesten anstatt auf die Taten (*BERGSON*).
- Die komische Figur kann sich nicht linear in die Richtung des Todes bewegen. Deshalb flüchtet sie immer in die andere Richtung, der Geburt. Die geburtliche, kindliche Existenz bietet einen Schutzraum, der harmlos und spielerisch ist.
- Eine Person der Realität kann dem komischen Charakter als Vorlage dienen.

5.4 Kapitel 4

- Die stimmlichen Mittel finden sich in der Stimmlage, Stimmstärke und Stimmart.
- Eine Betonung, oder Setzung einer Pause, an der „falschen" Stelle, kann eine komisch anmutende Verschiebung des Sinnzusammenhangs darstellen.
- Die bewusste Missachtung und Verunstaltung der grammatischen Gesetzmäßigkeiten erzeugt Komik: z. B. *„Tut mich traurig."*
- Die komischen Handlungen sind die Aktivitäten oder Sprachhandlungen, die nicht emotional motiviert sind oder Emotionen erzeugen.

Literaturverzeichnis

Bachmaier, Helmut (2010) — *Texte zur Theorie der Komik.* Reclam, Ditzingen

Bergson, Henri (2011) — *Das Lachen. Ein Essay über die Bedeutung des Komischen.* Felix Meiner-Verlag, Hamburg

Grotjahn, Martin (1974) — *Vom Sinn des Lachens. Psychoanalytische Betrachtungen über den Witz, das Komische und den Humor.* Kindler, München

Plessner, Helmuth (2003) — Lachen und Weinen: Eine Untersuchung der Grenzen menschlichen Verhaltens, *in: Ausdruck und menschliche Natur. Gesammelte Schriften VII, Helmuth Plessner / Günter Dux (1941)* Suhrkamp, Frankfurt am Main

Schopenhauer, Arthur (1977) — Zürcher Ausgabe: Werke in zehn Bänden. Band 3, Diogenes, Zürich

Schulz, Georg Michael (2007) — Einführung in die deutsche Komödie. Einführung Germanistik. Wissenschaftliche Buchgesellschaft, Darmstadt

von Ahnen, Helmut (2006) — Das Komische auf der Bühne, Versuch einer Systematik. Münchener Universitätsschriften, Theaterwissenschaft Band 6, Herbert Utz Verlag, München (2005)